VIVA 2
Arbeitsheft

von
Stefan Kliemt

Vandenhoeck & Ruprecht

Bibliografische Information der Deutschen Nationalbibliothek

Die Deutsche Nationalbibliothek verzeichnet diese Publikation in der Deutschen Nationalbibliografie; detaillierte bibliografische Daten sind im Internet über http://dnb.d-nb.de abrufbar.

ISBN 978-3-525-71082-1

© 2014, Vandenhoeck & Ruprecht GmbH & Co. KG, Göttingen/
Vandenhoeck & Ruprecht LLC, Bristol, CT, U.S.A.
www.v-r.de
Alle Rechte vorbehalten. Das Werk und seine Teile sind urheberrechtlich geschützt.
Jede Verwertung in anderen als den gesetzlich zugelassenen Fällen bedarf der
vorherigen schriftlichen Einwilligung des Verlages.
Printed in Germany.

Satz: SchwabScantechnik, Göttingen
Druck und Bindung: Hubert & Co, Göttingen

Gedruckt auf alterungsbeständigem Papier.

Liebe Schülerin, lieber Schüler!

Vor dir liegt das Arbeitsheft zu deinem Lateinbuch VIVA. Es enthält zu den einzelnen Lektionen Übungen, die dir helfen können, das Gelernte noch weiter zu vertiefen.

Am Anfang stehen jeweils Übungen zum Wortschatz, mit denen du kontrollieren kannst, wie gut die Vokabeln »sitzen«. Darauf folgen unterschiedliche Aufgaben, an denen du die wichtigste Grammatik der Lektion üben kannst.

Dabei haben wir die Übungen so angeordnet, dass die leichteren am Anfang stehen und die etwas schwereren folgen. Bei Übungen, die mit * gekennzeichnet sind, musst du ein bisschen knobeln, denn die sind gar nicht so einfach! Bist du schon sehr sicher, kannst du dich daran versuchen. Wenn du unsicher bist, fange mit den leichteren Übungen an.

Jede Lektion endet mit einem kurzen lateinischen Text, der oft das Thema der Lektion noch einmal aufnimmt oder eine ähnliche Geschichte erzählt; den Text kannst du gern zur Übung vor einer Klassenarbeit bearbeiten.

Ach und noch etwas: Als Einlegeblatt haben wir dir die Musterlösungen dazugegeben, damit du dich selbst kontrollieren kannst; nimm sie nicht zu früh zur Hand, sondern versuche alles erst einmal selbst.

Wir wünschen dir viel Freude!

Lektion 18

1. Magische Verbindung
Verbinde jedes lateinische Wort mit seiner Bedeutung und einem passenden Bild.

dulcis	scharf
discipulus	gelehrt
doctus	süß
acer	Rede
oratio	Schüler

2. Silbenrätsel: Kombiniere die Silben zu Wörtern und ordne sie den richtigen lateinischen Wörtern zu.
(Zwei Silben bleiben übrig: Bilde daraus ein Wort und ergänze das lateinische Wort dazu.)

| auf | be | ben | ben | bes | ge | he | keit | ler | lo | markt |
| nen | platz | red | rend | sam | schmack | ser | wäh | voll |

eloquentia: _____

melior: _____

discere: _____

dum: _____

elegans: _____

tollere: _____

laudare: _____

_____: _____

3. Ein Wort – viele Bedeutungen. Wähle die jeweils passende Bedeutung.

a) hominem tollere: _____

b) clamorem tollere: _____

c) dolorem tollere: _____

d) gladium tollere: _____

4. KNG: Kreuze an, welches Substantiv zum Adjektiv in der ersten Spalte passt.
Achtung: Manchmal passen mehrere!

	otium	eloquentiam	studiis	hominum	clamoris	clades
a) nobilium						
b) dulce						
c) omnibus						
d) acris						
e) elegans						
f) singularem						

5. Paare bilden mit KNG: Verbinde die zusammengehörigen Formen.

a) senatoribus   1) docti

b) discipulos   2) singularem

c) poetae   3) dulci

d) otio   4) bonos

e) imperatorum   5) nobilibus

f) pacem   6) elegantia

g) dona   7) omnium

h) viri   8) melioris

*6. Formenschlangen! Verwandle.

a) oratio acris → Dat. _____ → Pl. _____

   → Abl. _____ → Gen. _____

b) puella dulcis → Akk. _____ → Pl. _____

   → Dat. _____ → Nom. _____

c) amicus nobilis → Gen. _____ → Pl. _____

   → Akk. _____ → Abl. _____

d) ornamentum elegans → Pl. _____ → Akk. _____

   → Sg. _____ → Abl. _____

7. dum – postquam: Übersetze.
Achte bei der Übersetzung besonders auf das Tempus des Nebensatzes.

a) Cicero, dum Rhodi vivit, multa apud Molonem[1] didicit.

b) Cicero, postquam apud Molonem[1] multa didicit, Romam redire cupivit.

c) Cicero, postquam Romam rediit, multas acres orationes habuit.

d) Ciero, dum orationes praeclaras habet, multis hominibus odio[2] fuit.

1 Molon, nis *m.:* Molon – **2 odio esse** + *Dat.:* gehasst werden von

*8. Die Macht der Rede
8.1 Übersetze in deinem Heft.
8.2 Informiere dich (in einem Lexikon oder im Internet) über Menenius Agrippa und seine berühmte Rede.

Welche Macht die Rede hat, zeigt ein Beispiel aus der frühen Zeit der Republik.

Romani, postquam reges fuderunt, non diu bene vivere potuerunt.

Nam homines nobiles factis[1] iniquis et acribus iram civium incitabant. Itaque

plebs[2] omnis urbem reliquit.

Tum Menenius Agrippa, vir nobilis et doctus, ad plebem[2] iit

5 et singularem orationem de membris[3] et stomacho[4] habuit.

Quod verba dulcia et singularia plebem[2] movebant, plebs[2] Romam rediit;

homines nobiles autem Menenium Agrippam laudabant

et eloquentiam discere cupiverunt.

Orationem unius[5] viri populum Romanum servavisse constat.

1 factum: Tat
2 plebs, plebis *f.:* (niederes, armes) Volk
3 membrum: Glied; Körperteil
4 stomachus: Magen
5 unius: *Gen. zu* unus, a, um

Lektion 19

1. Magische Verbindung
Verbinde jedes lateinische Wort mit seiner Bedeutung und einem passenden Bild.

poena   Geisel

terra   Strafe

navis   Land; Erde

obses   Kreis

orbis   Schiff

2. Löse das Gitterrätsel.

1. Bedeutung von »opprimere«
2. Bedeutung von »nunc«
3. Bedeutung von »liber«
4. Bedeutung von »sponte«
5. Bedeutung von »recte«
6. Bedeutung von »periculum«
7. Bedeutung von »solvere«
8. Bedeutung von »vinculum«
9. Bedeutung von »orbis«
10. Bedeutung von »navis«
11. Bedeutung von »poscere«
12. Bedeutung von »nemo«

3. KNG: Kreuze an, welches Substantiv zum Adjektiv in der ersten Spalte passt.
Achtung: Manchmal passen mehrere!

	periculo	terrae	captivi	navium	vinculis	naves
a) dulcibus						
b) nobilium						
c) malo						
d) nobiles						
e) liberae						

4. Bestimme die Form und übersetze.

	Sg.			Pl.			Fut.	Präs.	Perf.	Impf.	
	1.	2.	3.	1.	2.	3.					Übersetzung
a) proposuit											
b) opprimes											
c) poscebam											
d) terrebimus											
e) regit											
f) tenebant											
g) timebunt											
h) poposcistis											

5. Sortiere die Verben nach Tempora.

rexisti – terret – necabo – didici – laudabamus – praedicas – proposuistis – solvam – poscet – cavebis – laudabatis – tollunt – fugerunt

Imperfekt	Perfekt	Präsens	Futur

Daran erkenne ich

a) Präsens: _____   c) Perfekt: _____

b) Imperfekt: _____   d) Futur: _____

Lektion 19

6. Relativpronomen mit System
6.1 Fülle die Tabelle aus.
6.2 Markiere Formen, die in verschiedenen Kasus vorkommen, jeweils in einer anderen Farbe (z.B. alle *quae* grün).

	Singular		
	m.	*f.*	*n.*
Nom.	qui		
Gen.			
Dat.			
Akk.			
Abl.			

	Plural		
	m.	*f.*	*n.*
Nom.			
Gen.			
Dat.			
Akk.			
Abl.			

7. Das Pronomen-Tandem
Bilde die entsprechende Form von *is, ea, id* bzw. *qui, quae, quod* und bestimme sie.

is, ea, id	Bestimmung	qui, quae, quod
eius	Gen. Sg. (m./f./n.)	*cuius*
eam		
		cui
eos		
		quā
eorum		
		quibus
id		
		quem
eo		
		quarum

8. Relativpronomen auf Deutsch
Ordne den Pronomen die richtige Übersetzung zu und erfinde dann eine Ergänzung für den deutschen Relativsatz.

a) amicus, qui → 1) der Freund, der *(heute da ist)*

b) amicus, quem   2) der Freund, mit dem _____

c) amicus, cuius   3) der Freund, den _____

d) amicus, cui   4) der Freund, dessen _____

e) amicus, quocum   5) der Freund, dem _____

f) amica, quae   6) die Freundin, deren _____

g) amica, cuius   7) die Freundin, die _____

h) amica, quam   8) die Freundin, der _____

i) amica, cui   9) die Freundin, mit der _____

j) amica, quacum   10) die Freundin, die _____

k) amici, quorum   11) die Freunde, deren _____

l) amici, qui   12) die Freunde, denen _____

m) amici, quos   13) die Freunde, die _____

n) amici, quibus   14) die Freunde, die _____

9. Füge die passenden Formen des deutschen Relativpronomens ein und bestimme sie.

Bsp.: Caesar, __der (Nom. Sg. m.)__ bei den Piraten in Geiselhaft war, kam schließlich frei.

a) Denn Caesars Vater, _____ sehr reich war, zahlte das Lösegeld.

b) Auf dem Schiff, _____ Caesar nach Rom brachte, plante er den Rachezug gegen die Piraten.

c) Die Piraten, _____ Caesar etliche Wochen gelebt hatte, glaubten seinen Drohungen nicht.

d) Caesars Freunde, _____ ein Abenteuer immer gefiel, nahmen seinen Plan freudig an.

e) Die Piraten, _____ Versteck Caesar gut kannte, waren schnell gefunden.

10. Aus zwei mach eins!
10.1 Füge die beiden Sätze wie im Beispiel zu einem zusammen.
*10.2 Übersetze sie ins Lateinische.

Bsp.: Caesar war ein Gefangener der Piraten. Caesars Vater war berühmt.
→ Caesar, dessen Vater berühmt war, war ein Gefangener der Piraten.
Ü: Caesar, cuius pater nobilis erat, captivus piratarum erat.

a) Die Piraten überfielen Caesar. Die Piraten fürchteten die Gefahren nicht.

→ _____

Ü: _____

b) Die Piraten töteten 20 Freunde Caesars. Die Freunde fürchteten um Caesars Wohlergehen.

→ _____

Ü: _____

c) Caesar überfiel und tötete die Piraten. Caesars Beredsamkeit war groß.

→ _____

Ü: _____

*11. Ergänze die passende Form des Relativpronomens und übersetze.

quorum – quibuscum – qui – quorum

a) Caesar, _____ Galliam cepit, clarus imperator erat.

_____

b) Saepe milites, _____ labores[1] magni erant, iuvit.

_____

c) Iterum atque iterum Gallos, _____ patriam petivit, vicit.

_____

d) Denique aliquot senatores, _____ Galliam expugnaverat[2], imperatorem necaverunt.

_____

1 labor, laboris m.: Mühe; Anstrengung – **2 expugnaverat:** er hatte erobert

*12. Über Caesar gibt es viele Geschichten.
12.1 Übersetze den Text.
12.2 Erkläre den letzten Satz und überlege, wie die Geschichte wohl weiterging.

Nach seinem Sieg über Gallien wurde Caesar vom Senat dazu aufgefordert, sein Heer zu entlassen. Als er sich weigerte und mit seiner Armee Richtung Rom marschierte, wurde Pompeius damit beauftragt, ihn zu bekämpfen.

Caesar, postquam bellum cum Pompeio coepit, Romam properavit.

Pompeius autem, qui Romae resistere non cupivit, in Graeciam contendit et

ibi copias paravit.

Itaque etiam Caesar milites suos ad litus[1] Italiae duxit.

5 Sed quia multi milites Pompeii mare[2] clauserant[3], Caesar omnes copias

in Graeciam ducere non potuit; ergo cum aliquot amicis Graeciam petivit;

alios milites monuit: »Simulac[4] mare[2] sine inimicis[5] fuit, me sequimini[6]!«

Copiae Caesaris autem otio in Italia fruebantur[7] neque imperatori paruerunt.

Caesar, postquam diu milites, qui in Italia erant, exspectavit, ipse[8] eos

10 arcessere[9] cupivit.

Itaque solus navem ascendit[10]. Sed undae[11] altae navem oppresserunt; nautae[12],

qui de salute timuerunt, navem vertere cupiverunt. Sed Caesar eos monuit:

»Quid timetis? Caesarem vehitis[13].«

1 **litus,** litoris *n.*: Küste
2 **mare,** maris *n.*: Meer
3 **clauserant:** sie hatten verschlossen
4 **simulac … fuit:** sobald … ist
5 **inimicus,** i: Feind
6 **me sequimini:** folgt mir!
7 **fruebantur** + *Abl.*: sie genossen *(etw.)*
8 **ipse:** er selbst
9 **arcessere:** abholen
10 **ascendere,** ascendo, ascendi: besteigen, einsteigen in
11 **unda,** ae: Welle
12 **nauta,** ae *m.*: Seemann
13 **vehere:** fahren, transportieren

Lektion 20

1. Magische Verbindung
Verbinde jedes lateinische Wort mit seiner Bedeutung und einem passenden Bild.

descendere — schwer

iter — stark; tapfer

gravis — Weg

docere — herabsteigen

fortis — lehren; unterrichten

2. Gitterrätsel: Suche die lateinischen Begriffe zu folgenden deutschen Wörtern.
*Findest du weitere?

I	C	A	U	S	A	U	N
M	O	N	S	I	N	M	I
P	N	S	U	V	I	B	N
O	D	U	R	A	M	R	A
N	E	C	U	R	A	A	N
E	R	E	D	G	E	M	I
R	E	P	I	U	S	T	S
E	R	A	M	P	A	R	I

Berg: _____

gründen: _____

Grund: _____

auferlegen: _____

nichtig, leer: _____

_____

_____

3. Viele Zeiten auf Deutsch: Bilde die fehlenden Formen.

Futur	Präsens	Perfekt	Plusquamperfekt
		er hat gelernt	
			wir hatten gelobt
ich werde sagen			
		sie sind geflogen	
ich werde gehen			

4. Bestimme die Form und übersetze.

	Sg.			Pl.			Fut.	Präs.	Impf.	Perf.	Plqpf.	
	1.	2.	3.	1.	2.	3.						Übersetzung
a) docuit												
b) circumdat												
c) appellabo												
d) dederatis												
e) crediderunt												
f) responderant												
g) reducebam												
h) descendam												
i) ieras												
j) condiderat												

5. Formenbaukasten: Bilde aus den Bestandteilen Verbformen und übersetze sie.

Perfektstamm	Endungen Perf.	Endungen Plqpf.
laudav-	-i	-eram
appellav-	-isti	-eras
didic-	-it	-erat
i-	-imus	-eramus
potu-	-istis	-eratis
reliqu-	-erunt	-erant
respond-		
rup-		
rex-		
poposc-		

Bsp.: laudav-eram: ich hatte gelobt

Lektion 20

*6. Bilde die fehlenden Formen in der entsprechenden Person.

Präsens	Perfekt	Plusquamperfekt
sum		
docent		
eunt		
delemus		
circumdatis		
ducit		
errat		

7. Königin Dido: Relativischer Satzanschluss – leicht gemacht. Übersetze.

Dido regina[1] pulchra erat. _____

a) Quae Aeneam amavit. _____

b) Cuius regnum magnum erat. _____

c) Cui nomen[2] antiquum Elissa erat. _____

d) Quam non omnes dei amaverunt. _____

e) De qua Fulvia multa audiverat. _____

1 regina, ae: Königin – **2 nomen,** nominis *n.*: Name

*8. Aeneas' göttliche Abstammung
Relativischer Satzanschluss: Welches Pronomen passt? Übersetze.

Venus mater Aeneae erat. _____

a) (Quae/Quam) filium saepe servabat.

_____

b) (Cuius/Cui/Quam) pater Anchises amaverat.

_____

c) (Cuius/Cui/Quam/Qua) Iuppiter fatum Aeneae demonstraverat.

_____

d) _____ Troianos in Italiam duxit.

_____

*9. Didos Geschichte
9.1 Übersetze den Text.
9.2 Beschreibe das Bild und ordne es in die Dido-Geschichte ein.

Dido konnte gut verstehen, wie Aeneas sich auf der Flucht fühlte – war ihr doch Ähnliches passiert:

Dido, filia regis Tyriorum[1], uxor Sychaei[2] fuerat. Quae diu cum marito feliciter[3] vixerat[4].

Aliquot annis post pater, qui multos annos regnum Tyriorum[1] rexerat, mortuus est. Itaque Dido regina[5] gentem ducere debuit.

5 Quod fratri Didonis, Pygmalioni[6], non placuit: Quia cupidus opium erat et Tyrios[1] regere cupivit, Sychaeum[2] necavit et sororem vinculis tenere in animo habuit. Sed Dido Sychaeum[2] mortuum in somno vidit; qui ad coniugem venit et dixit: »Vae! Pygmalion[6] me oppressit et necavit. Cave fratrem et fuge! Omnes opes tecum porta[7] et novam patriam quaere!«

10 Ita Dido regnum Tyriorum[1] cum multis hominibus reliquerat et in Africa novam urbem condiderat.

1 **Tyrii:** Tyrier *(Volk in Phönizien)*
2 **Sychaeus:** Sychaeus *(erster Ehemann der Dido)*
3 **feliciter** *(Adv.)*: glücklich
4 **vixerat:** *von* vivere, vivo, vixi
5 **regina:** als Königin
6 **Pygmalion:** Pygmalion *(Bruder der Dido)*
7 **portare:** (mit sich) tragen

Holzstich um 1880: Dido erwirbt durch List einen Bauplatz für Karthago: Sie kauft soviel Land, wie sie mit einer Kuhhaut belegen kann (akg-images).

Lektion 21

1. Magische Verbindung
Verbinde jedes lateinische Wort mit seiner Bedeutung und einem passenden Bild.

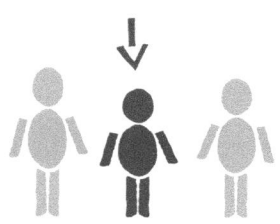

templum   sehen

tristis   Tempel

cernere   Heereszug

medius   traurig

agmen   der mittlere

2. Welches Wort passt inhaltlich nicht? Begründe deine Auswahl.

a) primus – ultimus – verus – medius: _____

b) agmen – triumphus – miles – frumentum: _____

c) cernere – poena – videre – oculus: _____

d) opes – ornamentum – officium – aurum: _____

e) culpa – maritus – nubere – uxor: _____

f) tristis – laetus – gravis – idoneus: _____

3. Wörter mit vielen Bedeutungen: Suche eine passende Übersetzung.

a) pietas imperatoris in officiis: _____

   pietas filiae in patrem: _____

   pietas populi in deos: _____

b) navis gravis: _____

   culpa gravis: _____

   senatores graves: _____

c) deos colere: _____

   villam colere: _____

   hortum colere: _____

4. KNG: Kreuze an, welches Substantiv zum Adjektiv in der ersten Spalte passt.
Achtung: Manchmal passen mehrere!

	culpae	hostes	tabulis	pietatis	itinera	socios
a) mirae						
b) iustos						
c) similes						
d) ingentia						
e) gravibus						
f) magni						
g) septem						

*5. Formenschlangen! Verwandle.

a) socius iustus → Akk. _____ → Gen. _____

→ Pl. _____ → Dat. _____

b) tabula singularis → Akk. _____ → Pl. _____

→ Abl. _____ → Sg. _____

c) agmen mirum → Gen. _____ → Akk. _____

→ Pl. _____ → Abl. _____

d) genus forte → Abl. _____ → Gen. _____

→ Akk. _____ → Pl. _____

6. Präsens- oder Perfektstamm? Bestimme die Formen und sortiere.

fuissemus – laudarem – potuisses – properarent – sustulissem – redderent – oppugnavisset – pepercissetis – doceres – duxissent – cognosceremus – starem – erravisset – discerem

Konjunktiv Imperfekt	Konjunktiv Plusquamperfekt

Lektion 21

7. Konjunktive mit System: Ergänze die fehlenden Formen (3. Pers. Sg.).

Inf. Präsens	Konj. Imperfekt	Inf. Perfekt	Konj. Plusquamperfekt
delere	*deleret*	*delevisse*	*delevisset*
clamare			
appellare			
	oppugnaret		
	esset		
			vidisset
		fecisse	
	parceret		
venire			
	tolleret		
		coepisse	

8. Konjunktiv-Detektiv: Finde alle Konjunktive und bestimme die Form.

a) parcerent – rexissent – ridebant – remanseram – volant – viveretis – tolera – traderemus

b) disco – demonstravistis – possem – irem – intellexissent – cupiveramus – censerem

9.1 Wenn das Wörtchen »wenn« nicht wär … Übersetze die Sätze.
*9.2 Kreuze an: Inhaltlich richtig oder falsch? Falsche Aussagen kannst du auf Deutsch oder, wenn du magst, auch auf Latein korrigieren.

      richtig   falsch

a) Si Lucius magis properavisset, Fulvia omnia cernere potuisset. ☐ ☐

b) Si Lucius et Fulvia mature[1] venissent, media in turba stetissent. ☐ ☐

c) Traianus Troianos non oppugnavisset, nisi socios oppressissent. ☐ ☐

d) Si Clodius Romae remansisset, uxor eum non reliquisset. ☐ ☐

1 mature *(Adv.)*: rechtzeitig

*10. Satzbaukasten: Die Aeneas-Sage
Kombiniere die Stücke zu sinnvollen Sätzen und übersetze sie. Wenn du dir inhaltlich nicht ganz sicher bist, lies noch einmal den Sachtext zu Lektion 18–20.

A Nisi Graeci Troiam delevissent,
B Nisi Aeneas in Africam venisset,
C Si Dido Aeneae nupsisset,
D Nisi dei Aeneam Didonem relinquere iussissent,

1 Aeneas novam patriam non quaesivisset.
2 Romulus Romam numquam condidisset.
3 Dido se non necavisset.
4 Didonem non convenisset.

*11. Trajans Gedanken während des Triumphzuges
11.1 Vor der Übersetzung: Fasse zusammen, was du über Triumphzüge weißt.
11.2 Übersetze den Text.

Während des Triumphzuges gehen Kaiser Trajan viele Dinge durch den Kopf …

»Tandem dies¹, quem diu exspectavi, adest. Tandem triumphum agere licet:

Pompa², quae omnia ornamenta et argenta et copiam auri demonstrat, parata³ est.

Ibi milites barbari sunt et miseriam suam flent.

5 Quid esset, si non vicissem? Si rex Dacorum victor⁴ fuisset,

ego servus⁵ et captivus⁵ in pompa² barbara starem

et per vias⁶ alienae⁷ urbis currerem. Alii riderent, si legiones Romanas

reppulissent.

Si bellum numquam gessissem⁸, certe multi milites Romani, qui nunc mortui

10 sunt, apud matres et uxores remansissent.«

Cum pompa² ad forum contendit, imperator subito tristis est; nam audit:

»Te hominem esse memento⁹!«

1 **dies** *m.:* Tag
2 **pompa**, ae: Triumphzug
3 **paratus**, a, um: bereit
4 **victor**, ris *m.:* Sieger
5 **servus, captivus:** *übersetze prädikativ (als …)*
6 **via**, ae: Straße
7 **alienus**, a, um: fremd
8 **bellum gerrere**, gero, gessi, gestum: Krieg führen
9 **memento** + *AcI:* denke daran, dass

Lektion 22

1. Magische Verbindung
Verbinde jedes lateinische Wort mit seiner Bedeutung und einem passenden Bild.

sedere   Stier

taurus   Blume

flos   Kuss

imago   sitzen

osculum   Bild

2. Fremdwörter
2.1 Nenne das lateinische Ursprungswort und seine Bedeutung.
* 2.2 Finde heraus, was die Fremdwörter bedeuten.

a) Tangente: _____

b) Florilegien: _____

c) Montanunion: _____

d) Dozent: _____

e) Gravitation: _____

f) fiktiv: _____

g) Tristesse: _____

3. Europas Entführung
3.1 Übersetze die Fragen.
*3.2 Beantworte die Fragen.

a) Quid Europa in litore aspexit? _____

b) Quid Europa fecit? _____

c) Quem cibum Europa bestiae praebuit? _____

d) Cuius in tergo Europa consedit? _____

e) Quis Europam abduxit? _____

f) Quae dea saepe de marito Iove desperabat? _____

g) Quos homines Iuppiter amabat? _____

4. Bestimme die Form und übersetze (nur die Indikativformen!).

	Sg.			Pl.			Indik.	Konj.	Fut. I	Präs.	Impf.	Perf.	Plqpf.	
	1.	2.	3.	1.	2.	3.								Übersetzung
a) sapio														
b) lusissent														
c) tollebas														
d) tangerem														
e) aspexerat														
f) audebit														
g) oppugnarem														
h) irent														
i) praebebas														
j) dedissent														

5. Konjunktive bilden

5.1 Konjunktive bilden mit System: Ergänze die Tabelle.

Inf. Präsens	Konj. Imperfekt	Inf. Perfekt	Konj. Plusquamperfekt
properare	*properaret*	*properavisse*	*properavisset*
volare			
	deliberaret		
			vidisset
	carperet		

5.2 Ergänze die fehlenden Formen in der entsprechenden Person.

Indikativ Präsens	Konj. Imperfekt	Konj. Plusquamperfekt
laboras		
ardemus		
praebet		
fingo		
metuunt		

6. Gleichzeitig oder vorzeitig? Bestimme das Zeitverhältnis und übersetze.

Miles Romanus deliberavit, …

a) … cur Daci bellum coepissent. gz ☐ vz ☐

b) … quid rex Dacorum faceret. gz ☐ vz ☐

c) … quam urbem milites Romani non cepissent. gz ☐ vz ☐

d) … quomodo novum bellum effugere posset. gz ☐ vz ☐

e) … qua de causa dei miseriam Dacorum non reppulissent. gz ☐ vz ☐

f) … quos homines dei imprimis amarent. gz ☐ vz ☐

7. Vielseitiges »cum« – Ergänze das Schaubild um die wichtigsten Bedeutungen.

Präposition mit Ablativ

cum

Nebensatzeinleitung (m. Konj.)   Nebensatzeinleitung (m. Ind.)

8. Traian und das kleine Wörtchen »cum«.

8.1 Überlege kurz, was *cum* alles heißen kann (nutze ggf. Übung 7 oder das alphabetische Verzeichnis in deinem Buch).

8.2 Übersetze.

a) Imperator Traianus *cum* militibus suis bellum *cum* Dacis coepit.

b) Traianus Dacos, *cum* socios Romanos oppressissent, punire[1] cupivit.

c) Traianus, *cum* copias fortes secum duxisset, tamen longe[2] non vicit.

d) Nam *cum* Traianus se vincere posse putaret, Daci victoriam parvam[3] consecuti sunt[4].

e) Sed *cum* Daci sine studio pugnarent, legiones Romanae tandem vicerunt.

1 punire: bestrafen – **2 longe** *(Adv.)*: lange Zeit – **3 parvus**, a, um: klein – **4 consecuti sunt:** sie errangen

*9. Jupiter und Io – Übersetze in deinem Heft.

Juppiter kann's nicht lassen. Heute hat er es auf Io abgesehen, die hübsche Tochter des Flussgottes Inachos.

Io filia Inachi et Argiae erat. Quam Iuppiter amabat et abducere cupivit.

Sed Iuno, quae[1] raptionis Europae nondum oblita erat, Iovem observabat[2].

Iuppiter, cum iram Iunonis timeret,

Ionem in figuram[3] vaccae[4] vertit[5] et bestiam saepe adiit.

5   Iuno, cum id cognovisset, vaccam[4] a Iove donum[6] poposcit

et Argum[7], cui multi oculi erant, custodem[6] ei misit[8].

Iuppiter autem Mercurium misit[8], qui Argum necavit.

Qua de causa Iuno tam irata[9] erat, ut Ioni oesterum[10] mitteret[8],

qui puellam coegit[11], ut se in mare praecipitaret[12]. Primo in Scythiam, tum

10   in Aegyptum natavit[13]. Cum miseria puellae Iunonem moveret, ei tandem

propriam[14] formam restituit et eam deam Aegyptiorum fecit.

1 quae raptionis Europae nondum oblita erat: die die Entführung Europas noch nicht vergessen hatte

2 observare: beobachten

3 figura, ae: Gestalt

4 vacca, ae: Kuh

5 vertit: *Perfekt zu* vertere; *hier:* verwandeln

6 donum/custodem: als Geschenk/als Wächter

7 Argus: *Ungeheuer mit hundert Augen am ganzen Körper, so dass er in alle Richtungen schauen konnte*

8 mittere, mitto, misi: schicken

9 iratus, a, um: zornig

10 oesterus: Pferdebremse (beißendes Insekt)

11 cogere, cogo, coegi, coactum: zwingen

12 se praecipitare in + *Akk.*: sich stürzen in

13 natare: schwimmen

14 proprius, a, um: *hier:* ursprünglich

Lektion 23

1. Wörter nach Themen lernen
Ordne die Wörter thematisch nach Sachfeldern (z.B. »trinken«) und markiere sie in verschiedenen Farben.

vinum   sermo   audere

    clam   metuere   osculum

dicere   bibere   vitium

    amare   periculum

non decet   aqua   narrare

2. Löse das Gitterrätsel.

1. Lat. für »innehaben«
2. Lat. für »sich ereignen«
3. Lat. für »heimlich«
4. Lat. für »also; folglich«
5. Lat. für »wählen«
6. Lat. für »gewöhnlich tun«
7. Lat. für »wünschen«
8. Lat. für »Charakter«
9. Lat. für »schlechte Eigenschaft«
10. Lat. für »es gehört sich«

3. Konjunktive: gleichzeitig oder vorzeitig
Um welchen Konjunktiv handelt es sich? Kreuze an.

	gleichzeitig		vorzeitig	
a) tradidisses	☐ Konj. Präs.	☐ Konj. Impf.	☐ Konj. Perf.	☐ Konj. Plqpf.
b) cupias	☐ Konj. Präs.	☐ Konj. Impf.	☐ Konj. Perf.	☐ Konj. Plqpf.
c) feceritis	☐ Konj. Präs.	☐ Konj. Impf.	☐ Konj. Perf.	☐ Konj. Plqpf.
d) superares	☐ Konj. Präs.	☐ Konj. Impf.	☐ Konj. Perf.	☐ Konj. Plqpf.
e) tangam	☐ Konj. Präs.	☐ Konj. Impf.	☐ Konj. Perf.	☐ Konj. Plqpf.
f) sederes	☐ Konj. Präs.	☐ Konj. Impf.	☐ Konj. Perf.	☐ Konj. Plqpf.
g) properaveris	☐ Konj. Präs.	☐ Konj. Impf.	☐ Konj. Perf.	☐ Konj. Plqpf.
h) tollas	☐ Konj. Präs.	☐ Konj. Impf.	☐ Konj. Perf.	☐ Konj. Plqpf.
i) rexissent	☐ Konj. Präs.	☐ Konj. Impf.	☐ Konj. Perf.	☐ Konj. Plqpf.
j) abduxerit	☐ Konj. Präs.	☐ Konj. Impf.	☐ Konj. Perf.	☐ Konj. Plqpf.
k) carperetis	☐ Konj. Präs.	☐ Konj. Impf.	☐ Konj. Perf.	☐ Konj. Plqpf.
l) fugiatis	☐ Konj. Präs.	☐ Konj. Impf.	☐ Konj. Perf.	☐ Konj. Plqpf.
m) ceperim	☐ Konj. Präs.	☐ Konj. Impf.	☐ Konj. Perf.	☐ Konj. Plqpf.
n) vidisset	☐ Konj. Präs.	☐ Konj. Impf.	☐ Konj. Perf.	☐ Konj. Plqpf.

Daran erkenne ich die gleichzeitigen Konjunktive: _____

_____

Daran erkenne ich die vorzeitigen Konjunktive: _____

_____

*4. Konjunktiv Perfekt: Bilde die fehlenden Formen (1. Pers. Sg.)

Infinitiv	Indikativ Perfekt	Konjunktiv Perfekt
necare	*necav-i*	*necav-erim*
optare		
docere		
	obtinu-i	
currere		
	ded-i	
		accid-erim
facere		

*5. Konjunktiv-Tandem
Bilde zu den Indikativ-Formen die entsprechende Form im Konjunktiv Präsens.

Indikativ Präsens	Konjunktiv Präsens
spera-nt	*sper-e-nt*
appella-nt	
	oppugn-e-nt
lauda-mus	
	proper-e-tis
sta-t	
	d-e-s
aude-o	*aude-a-m*
obtine-s	
	doce-a-t
praebe-o	
	terre-a-nt
veni-t	
	sci-a-m
faci-o	
	aspici-a-m
bib-i-t	
	curr-a-t
conting-i-t	
	metu-a-t
lud-i-s	
	cern-a-s

So wird der Konjunktiv Präsens gebildet:

a-Konjugation: _____

alle anderen Konjugationen: _____

6. Konjugations-Schlange
6.1 Sortiere die Wörter nach Konjugationen.

metuere – optare – audere – tangere – bibere – temperare – audire – currere – sedere

a-Konj.	e-Konj. (ē)	i-Konj.	kons. Konj. (ĕ)

*6.2 Bilde den Konjunktiv Präsens (3. Pers. Sg.).

a-Konjugation: _____

e-Konjugation: _____

i-Konjugation: _____

kons. Konjugation: _____

7. Bestimme die Form.

	Sg.			Pl.			Ind.	Konj.	Fut. I	Präs.	Impf.	Perf.	Plqpf.
	1.	2.	3.	1.	2.	3.							
a) optaremus													
b) monuisti													
c) putabo													
d) sciveris													
e) potueram													
f) rexissent													
g) audeat													
h) volabant													
i) accidamus													

*8. Formenschlangen! Verwandle.

a) habitat → Konj. _____ → Perf. _____

→ Plqpf. _____ → Ind. _____

b) delemus → Konj. _____ → Imperf. _____

→ Perf. _____ → Ind. _____

c) credunt → Konj. _____ → Plqpf. _____

→ Imperf. _____ → Ind. _____

9. Dass, damit oder um … zu?
Übersetze und achte darauf, wie du *ut/ne* wiedergeben musst.

a) Ancillae poscunt, ut Fulvia vestes novas apportet.

b) Fulvia ad matrem currit, ut auxilium det.

c) Mater optat, ut ancillae multum vinum bibant et mox dormiant[1].

d) Fulvia autem abit, ne ancillae eam reprehendere possint.

1 dormire: schlafen

10. Die Furcht der Herren. Übersetze.

a) Domini timent, ne servi per villam omnem eant.

b) Domini timent, ne servi dona et secreta[1] inveniant.

c) Timent, ne servi secreta[1] propinquis[2] narrent.

d) Timent, ne Saturnalia numquam finem habeant.

1 secretum, i: Geheimnisse – **2 propinquus,** i: Nachbar

11. Jupiter geht mal wieder fremd …
Gleichzeitig oder vorzeitig? Bestimme die Konjunktivform und entscheide. Dann übersetze entsprechend.

Jupiter hat sich in Io verliebt; um sie vor Juno zu verstecken, wird sie in eine Kuh verwandelt. Doch natürlich ist Juno nicht blöd …

a) Iuppiter optat, ut Iuno amorem Ionis[1] non cognoscat.

b) Sed frustra[2]: Iuno, cum omnia cognoverit, Argum custodem[3] mittit[4].

c) Itaque Iuppiter Mercurium mittit[4], ut Argum necet.

d) Sed Iuno non ignorat, cur Iuppiter Mercurium ad Argum miserit[4].

e) Cum Mercurius Argum necaverit, Iuno oesterum[5] ad Ionem mittit[4].

f) Iuppiter optat, ne puella amata detrimentum[6] capiat.

g) Pater deorum et hominum optat, ut Iuno marito ignoscat[7].

1 amor Ionis: Liebe zu Io *(eine Königstochter, in die sich Jupiter verliebt hatte)* – **2 frustra:** vergeblich – **3 Argum custodem:** Argus als Wächter *(ein Ungeheuer mit hundert Augen, das alles sieht)* – **4 mittere:** schicken – **5 oesterus, i:** Pferdebremse *(Juno schickt eine Bremse, die Io stechen und quälen soll)* – **6 detrimentum, i:** Schaden – **7 ignoscere:** verzeihen

*12. Fulvias Gebet
12.1 Lies den Text vor der Übersetzung zweimal durch. Markiere die Subjunktionen (Nebensatzeinleitungen) und unterstreiche die Prädikate.
12.2 Übersetze in deinem Heft.

Fulvia hat sich am Abend der Saturnalien in den Saturntempel geschlichen und betet:

»Saturnus,

    qui semper deus gravis et clarus es,

    cuius diem festum[1] hodie celebramus[2],

    cui orbis terrarum sacrificia maxima facere deberet,

5   nisi filius tuus regnum rapuisset:

me audi!

Te oro, ut auream aetatem[3] reducas et fides[4] et veritas[5] et rectum[6] et pudor[7]

veniant et omnes homines feliciter[8] vivere possint.

Non posco, ut copias vestium et ornamentorum habeam, ut familia mea

10 opes maximas possideat[9], ut frater meus clarus senator aut orator[10] nobilis sit.

Id unum a te peto, ut sempiterna[11] pax omnibus hominibus contingat.«

1 dies festus: Festtag
2 celebrare: feiern
3 aurea aetas: die goldene Zeit
4 fides: Treue
5 veritas, tis *f.*: Wahrheit
6 rectum: das Richtige
7 pudor: Sittsamkeit
8 feliciter *(Adv.)*: glücklich
9 possidere: besitzen
10 orator: Redner
11 sempiternus, a, um: ewig

Lektion 24

1. Gitterrätsel: Suche die lateinischen Begriffe zu folgenden deutschen Wörtern.
  *Findest du weitere?

I	F	A	C	I	E	S	P
M	A	N	U	S	S	E	R
P	V	T	M	P	E	R	A
E	A	E	L	X	A	O	E
T	S	A	A	M	O	R	E
U	T	D	C	A	S	U	S
S	U	A	U	S	P	E	S
A	S	B	S	E	I	D	E

Hand: _____

Gesicht: _____

an der Spitze stehen: _____

See: _____

Hoffnung: _____

_____

_____

_____

2. Sortiere nach Deklinationen und nenne die Bedeutung.

lacus – pecus – ~~cibus~~ – adversarius – exercitus – populus – manus – corpus – amicus – campus – impetus – genus – pectus – tempus – casus

o-Deklination	u-Deklination	3. Deklination
cibus: Nahrung		

3. KNG: Kreuze an, welches Substantiv zum Adjektiv in der ersten Spalte passt.
  Achtung: Manchmal passen mehrere!

	manibus	rei	res	vitium	impetus	diem	libertates
a) audax							
b) feris							
c) placidae							
d) grave							
e) similem							
f) ingentis							

4.1 e-Deklination: Fülle die Tabelle aus.
4.2 Markiere mehrdeutige Formen jeweils mit einer besonderen Farbe.
4.3 Ergänze das Adjektiv »bonus, a, um«.

	Singular		Plural
Nom.	res		
Gen.			
Dat.			
Akk.			
Abl.			

5.1 u-Deklination: Fülle die Tabelle aus.
5.2 Markiere mehrdeutige Formen jeweils mit einer besonderen Farbe.
5.3 Ergänze das Adjektiv »malus, a, um«.

	Singular		Plural
Nom.	casus		
Gen.			
Dat.			
Akk.			
Abl.			

*6. Formenschlangen! Verwandle.

a) casus pius → Dat. _____ → Gen. _____

   → Pl. _____ → Akk. _____

b) dies gravis → Gen. _____ → Akk. _____

   → Pl. _____ → Abl. _____

c) exercitus nobilis → Akk. _____ → Pl. _____

   → Abl. _____ → Sg. _____

Lektion 24 | 33

7. Genitivus subiectivus – Genitivus obiectivus. Unterscheide und übersetze:

a) spes hostium – spes pacis: _____

b) timor¹ piratarum (2x): _____

c) beneficium amici (2x): _____

d) amor Iovis (2x): _____

e) victoria Britannorum (2x): _____

1 timor, is, *m.*: Angst

*8. Widerstand gegen die römische Besatzung
8.1 Überlege, was der britannische Heerführer vor der Schlacht gegen die Römer sagen könnte.
8.2 Übersetze in deinem Heft.

Kurz vor einer entscheidenden Schlacht hält der Britannierfürst Calgacus folgende Rede, um seine Soldaten zur Verteidigung der Heimat zu motivieren:

»Mihi magnus animus est; itaque spero nos hodie Romanos vincere posse.

Nam virtus vestra et timor¹ Romanorum initium² libertatis patriae nostrae

erunt.

Vos omnes partes Britanniae non ignoratis, Romanis autem patria nostra

5   ignota³ est.

Romani raptores⁴ orbis terrarum fuerunt et sunt et erunt; cum omnes terras

capere cupiant, nunc Britanniam adire audent. Nulla gens exercitibus

Romanis resistere potuit, nemo avaritiam⁵ Romanorum vincere potuit, nemo

cupiditatem regnandi⁶ exstinguere potuit.

10 Dei optant, ut Britanni orbem terrarum ab exercitu Romano liberent⁷ atque

omnibus nationibus libertatem dent!«

1 timor, is, *m.*: Angst
2 initium, i: Anfang, Beginn
3 ignotus, a, um: unbekannt
4 raptor, ris *m.*: Räuber
5 avaritia, ae: Habgier
6 regnandi: zu herrschen
7 liberare: befreien

Lektion 25

*1. Geheimschrift: Versuche, die verschlüsselten lateinischen Begriffe herauszufinden. Die deutschen Bedeutungen der ersten beiden Begriffe können dir dabei helfen.

Latein	Verschlüsselt	Deutsch
	1–16–16–1–18–5–18–5	erscheinen
	13–15–20–21–19	Bewegung
	20–21–20–21–19	
	9–14–3–15–12–1	
	16–5–18–9–18–5	
	1–16–5–18–20–21–19	
	12–1–16–9–19	
	14–15–24	
	1–16–5–18–9–18–5	
	9–14–20–18–1	
	3–15–13–16–12–21–18–5–19	
	3–9–14–9–19	
	16–18–15–8–9–2–5–18–5	
	5–13–9–20–20–5–18–5	

Welcher Code wurde zum Verschlüsseln verwendet? _____

2. Stammformen erkennen: Gib den Infinitiv Präsens und seine Bedeutung an.

PPP	Infinitiv	Bedeutung
a) paratus, a, um		
b) missus, a, um		
c) laudatus, a, um		
d) neglectus, a, um		
e) restitutus, a, um		
f) apertus, a, um		
g) clausus, a, um		
h) pulsus, a, um		

3. Und auf Deutsch? Bilde die deutschen Passivformen zu folgenden Wörtern.

	hören	schicken
Präs.	er wird gehört	
Präteritum	er wurde gehört	
Perfekt	er ist gehört worden	
Plqupf.	er war gehört worden	

	töten	lieben
Präs.	ich ...	
Präteritum		
Perfekt		
Plqpf.		

	überfallen	vertreiben
Präs.	wir ...	
Präteritum		
Perfekt		
Plqpf.		

4. Aktiv oder Passiv? Kreuze an und übersetze.

	Sg.			Pl.			Perf.	Plqpf.	Aktiv	Passiv	
	1.	2.	3.	1.	2.	3.					Übersetzung
a) necaverat											
b) relictus sum											
c) deletum erat											
d) laudata eras											
e) misistis											
f) defenderamus											
g) deleta sunt											

Daran erkenne ich Perfekt und Plusquamperfekt Aktiv: _____

Daran erkenne ich Perfekt und Plusquamperfekt Passiv: _____

5. Indikativ oder Konjunktiv: Bestimme die Passivform und kreuze an.

	Indikativ		Konj.	
a) vocata eram	☐ Perfekt	☐ Plqpf.	☐ Perfekt	☐ Plqpf.
b) relicti essent	☐ Perfekt	☐ Plqpf.	☐ Perfekt	☐ Plqpf.
c) aedificata sint	☐ Perfekt	☐ Plqpf.	☐ Perfekt	☐ Plqpf.
d) factum esset	☐ Perfekt	☐ Plqpf.	☐ Perfekt	☐ Plqpf.
e) tactus est	☐ Perfekt	☐ Plqpf.	☐ Perfekt	☐ Plqpf.
f) circumdati eratis	☐ Perfekt	☐ Plqpf.	☐ Perfekt	☐ Plqpf.
g) abducta sit	☐ Perfekt	☐ Plqpf.	☐ Perfekt	☐ Plqpf.
h) defensi estis	☐ Perfekt	☐ Plqpf.	☐ Perfekt	☐ Plqpf.

*6. Passiv mit System: Bilde die Passivformen im Indikativ und Konjunktiv.

Indikativ Perf.	Indikativ Plqpf.	Konjunktiv Perf.	Konjunktiv Plqpf.
laudatus est	laudatus erat	laudatus sit	laudatus esset
paratus est			
	auditus erat		
		neglecti sint	
			creati essemus
deletae sunt			
	defensum erat		
aspectae estis			
		pulsus sis	

7. Jupiter und das Mädchen Io: Übersetze.

a) Io a Iove amata est. _____

b) Puella a Iove mutata[1] est. _____

c) Sed puella a Iunone tamen inventa est. _____

_____

1 mutare: verwandeln *(Jupiter verwandelte Io in eine Kuh, um sie vor Juno zu verstecken und so den Ehebruch zu verheimlichen.)*

*8. Jupiter und das Mädchen Io: So geht die Geschichte weiter.
8.1 Forme die Hauptsätze ins Passiv um und übersetze.
**8.2 Wähle aus: Male eine Szene aus dem Mythos unter die Übung *oder*
erzähle die Geschichte auf Deutsch besonders spannend.**

Jupiter hatte das Mädchen Io in eine Kuh verwandelt, um sie vor Juno zu verstecken. Doch die lässt sich natürlich nicht täuschen.

a) Iuno monstrum horrendum[1], Argum, ad puellam misit.

b) Argus puellam custodivit[2].

c) Sed Iuppiter Mercurium rogavit, ut monstrum necaret.

e) Tum Iuno oesterum[3] misit, ut vaccam[4] torqueret[5].

1 horrendus, a, um: schrecklich – **2 custodire**: bewachen – **3 oesterus**, i: Bremse *(Insekt, das quälende Stiche verursacht)* – **4 vacca**, ae: Kuh – **5 torquere**: quälen

*9. Brand in Rom
9.1 Lies den Text vor der Übersetzung zweimal durch. Markiere die Subjunktionen (Nebensatzeinleitungen) und unterstreiche die Prädikate.
9.2 Übersetze in deinem Heft.

Im Jahr 64 n.Chr. ereignete sich in Rom eine schlimme Katastrophe.

Romae calamitas gravis accidit,

quae gravior quam[1] omnia incendia erat.

Initium[2] flammarum in ea parte circi[3] fuit,

quae Palatino[4] Caelioque[5] montibus contingua[6] est.

5 Causa incendii erant tabernae,

    in quibus cibus coctus[7] est

    et in quibus erant multae res,

        quibus flammae alitae[8] sunt.

Tum tecta flammis capta sunt:

10 Flammae neque domibus hominum nobilium neque templis deorum

pepercerunt.

Homines, qui fugere cupiebant, clausi sunt et misere[9] flammis perusti sunt[10].

Cum flammae a multis vigilibus[11] exstinctae essent, Romani ingentia

detrimenta[12] viderunt et fleverunt.

1 gravior quam: schlimmer als
2 initium, i: Anfang, Beginn
3 circus, i: Circus Maximus
4 Palatinus (mons): Palatin *(ein Hügel in Rom)*
5 Caelius (mons): Caelius *(ein Hügel in Rom)*
6 contiguus, a, um + *Dat.*: angrenzend an
7 coquere, coquo, coxi, coctum: kochen
8 alere, alo, alui, alitus: ernähren
9 misere *(Adv.):* jämmerlich
10 perurere, -uro, -ussi, -ustum: *etw.* verbrennen
11 vigil, is *m.*: Feuerwehrmann
12 detrimentum, i: Schaden

Lektion 26

1. Magische Verbindung
Verbinde jedes lateinische Wort mit seiner Bedeutung und einem passenden Bild.

celer — endlich

via — Dunkelheit

tenebrae — von allen Seiten

undique — schnell

demum — gesund sein; stark sein

aperire — Weg, Straße

valere — öffnen

2. Gegenteile: Suche einen Gegenbegriff und gib beide Bedeutungen an.

dies	*nox*	*Tag und Nacht*
clarus		
vetus		
aqua		
defendere		
delere		

*3. Formenschlangen! Verwandle.

a) nox obscura → Gen. _____ → Akk. _____

→ Pl. _____ → Abl. _____

b) equus celer → Akk. _____ → Pl. _____

→ Abl. _____ → Sg. _____

c) metus ingens → Akk. _____ → Gen. _____

→ Pl. _____ → Dat. _____

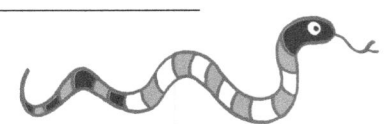

4. Und auf Deutsch? Bilde die fehlenden Formen.

	Aktiv	Passiv
Präsens	er hört	er wird gehört
Futur	er wird hören	er wird gehört werden

	Aktiv	Passiv
Präsens	er holt	
Futur		

	Aktiv	Passiv
Präsens	ich suche	
Futur		

	Aktiv	Passiv
Präsens	wir erschrecken	
Futur		

	Aktiv	Passiv
Präsens	sie finden	
Futur		

5. Passiv-Wippe
Bilde zu den Aktiv-Formen die entsprechende Form im Passiv und übersetze diese.

Aktiv	Passiv
audi-t	audi-tur (er wird gehört)
aspici-t	
duc-i-t	
mitt-i-t	
vide-o	
excita-s	
carp-i-t	
pelli-mus	
mone-tis	
da-nt	

6. Formenbildung mit System
Bestimme Modus und Tempus und bilde die passive Spiegelform.

Aktiv	Bestimmung	Passiv
mone-ba-t	Indikativ Imperfekt	*mone-ba-tur*
da-ba-t		
dele-bi-t		
dice-re-t		
abducebat		
iubebit		
timeat		
obsecrabo		
servabas		
metueret		
laudamus		
regebatis		
moverent		

7. Aktiv oder Passiv? Ordne die Formen.
vocabimur – fuistis – delectabantur – venies – narrata est – tollentur – sciebas – ducit – spectavimus – pulsus esset – diceretur – tollit – audiuntur – putabant – necabar – servabis

Aktiv	Passiv

Daran erkenne ich das Passiv: _____

8. Infinitive. Ergänze die Formen.

Präsens Aktiv	Präsens Passiv	Perfekt Aktiv	Perfekt Passiv
ama-re	*ama-ri*	*amav-isse*	*amatum esse*
audi-re			
mone-re			
cap-e-re			
ag-e-re			

9. Kaiser Nero und der Brand Roms – Passiv im AcI
Markiere den AcI mit einer Klammer. Bestimme den Infinitiv und übersetze.

a) Imperator Nero [Romam urbem pulchram non <u>esse</u>] vidit. *(Inf. Präs. Aktiv)*

b) Itaque Nero novas domos aedificari iussit.

c) Cum longe¹ locus idoneus non esset, Nero domos antiquas deleri cupivit.

d) Itaque maxime gaudebat, cum audivisset urbem incendio deletam esse.

e) Sed multos incolas omnia amisisse constat.

f) Postea² multi homines putabant incendium iussu Neronis paratum esse.

g) Nam miseriam civium, qui omnia amiserant, a Nerone neglectam esse constat.

1 longe *(Adv.)*: lange Zeit – **2 postea** *(Adv.)*: später

*10. Nach dem Brand
10.1 Übersetze in dein Heft.
10.2 Informiere dich über den Wiederaufbau Roms nach dem großen Brand von 64 n.Chr., vor allem über die *domus aurea*.

Nach dem Brand Roms beginnen nicht nur die Aufräumarbeiten, sondern man sucht auch nach Schuldigen. Kaiser Nero, der selbst in Verdacht geraten war, versucht von sich abzulenken und beschuldigt die Christen.

Sed non ope humana[1],

non donis imperatoris Neronis

fama cedebat,

quin[2] Romani incendium a Nerone iussum esse crederent.

5 Ergo Nero homines miseros quaesivit, quibus culpam dare posset.

Constat Christianos[3] captos et incendio accusatos[4] esse.

Unus ex iis dixit: »Christianus[3] sum, quia a matre cogebar[5].«

Alius: »Numquam desinam Christianus[3] esse, quod a Christo[6] amatus sum,

amor, amabor.«

10 Multi eorum poenis gravibus puniti[7] sunt: Nero optavit,

ut aut tergis[8] bestiarum contegerentur[9] et laniatu[10] canum[11] perirent

aut crucibus[12] affigerentur[13] et noctu[14] cremarentur[15].

1 **humanus**, a, um: menschlich
2 **quin** + *Konj.*: dass
3 **Christanus**, i: Christ
4 **accusare**: anklagen
5 **cogere**: zwingen
6 **Christus**, i: Jesus Christus
7 **punire**: bestrafen
8 **tergum**: *hier*: Fell
9 **contegere**: bedecken
10 **laniatus**, us *m.*: Biss
11 **canis**, is *m.*: Hund
12 **crux**, cis *f.*: Kreuz
13 **affigere**: anheften
14 **noctu** *(Adv.)*: in der Nacht, nachts
15 **cremare**: *etw.* verbrennen

Lektion 27

1. Magische Verbindung
Verbinde jedes lateinische Wort mit seiner Bedeutung und einem passenden Bild.

sub	streiten
gloria	sitzen
certare	Gesicht
facies	Ruhm
sedere	unter

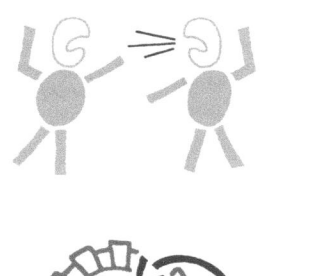

2. Sprachenkenner
Auch im Englischen gibt es viele Wörter, die aus dem Lateinischen stammen.
Nenne den lateinischen Ursprung und die deutsche Übersetzung.

Englisch	Latein	Deutsch
glory		
to persuade		
empire		
to doubt		
to compare		
to judge		

3. Partizip Präsens: Fülle die Tabelle aus.

	Singular		Plural	
	m./f.	*n.*	*m./f.*	*n.*
Nom.	dubitans			
Gen.				
Dat.				
Akk.				
Abl.				

4. KNG: Kreuze an, welches Substantiv zum Partizip in der ersten Spalte passt.
Achtung: Manchmal passen mehrere!

	domini	militibus	umbras	deos	puellae	spem	pueris
a) pugnantibus							
b) viventem							
c) iubentis							
d) fugientes							
e) promittenti							
f) sedentes							
g) adiuvantem							

5. Kaiser Nero und der Brand Roms: Welche Sinnrichtung passt am besten?
Forme die wörtliche Übersetzung des Partizips in gutes Deutsch um.

a) Sich über den Brand Roms freuend, wurde Nero der Brandstiftung verdächtigt.

_____

b) Angeklagte suchend, beschuldigte Nero die Christen.

_____

c) Sich schlecht verteidigend, wurden die Christen Opfer seines Wütens.

_____

d) Den Tod vor Augen habend, blieben viele Christen ihrem Glauben treu.

_____

6. Partizip finden und übersetzen
Markiere das Partizip und verbinde es mit seinem Bezugswort. Übersetze dann.

Laudamus puerum sub arbore iacentem.

Wir loben den Jungen, der (weil/obwohl/während er) unter dem Baum liegt.

a) Laudamus homines bene laborantes.

_____

b) Videmus liberos cum amicis ludentes.

_____

c) Timemus hostem clam bellum parantem.

_____

d) Gaudemus de militibus arma deponentibus.

_____

*7. Missglückte Hochzeit!
Markiere das Partizip und sein Bezugswort. Übersetze dann.

a) Iuppiter Thetim et Peleum delectare cupiens omnes deos deasque in Olympum invitaverat.

b) Omnes nuptias amantes venerunt – praeter Discordiam.

c) Turba deorum venientium strepitum¹ magnum fecit.

d) Constat Discordiam nemini faventem omnes punire² cupere.

e) Demum Discordia in nuptiis adfuit et malum³ iactans⁴ omnia perturbavit⁵.

1 strepitus, us *m.*: Lärm – **2 punire:** bestrafen – **3 malum,** i: Apfel – **4 iactare:** werfen – **5 perturbare:** in Unordnung bringen

*8. Schlimme Prophezeiung
8.1 Lies den Text vor der Übersetzung zweimal durch. Markiere die Subjunktionen (Nebensatzeinleitungen) und unterstreiche die Prädikate. Markiere auch die Partizipien.
8.2 Übersetze in deinem Heft.

Schon früh wussten die Eltern des Paris, dass Troja in großer Gefahr sein würde.

Hecuba, uxor regis Priami, filium primum, cui nomen¹ Hector erat, pepererat.

Diu fatum bonum erat, cum Hector, heres² et rex futurus³, puer fortis esset.

Tum Hecuba iterum gravida⁴ fuit; qua re omnes gaudebant.

Sed dei signa horrenda⁵ miserunt: In somno Hecuba se lignum igneum⁶, quod

5   Troiam exstinxit, parĕre vidit.

Itaque Priamus et Hecuba   Paridem Troiae periculo esse⁷   putantes

eum post ortum⁸ ad montem Idam⁹ exposuerunt¹⁰.

Ibi ursa¹¹ puerum inveniens et nutriens¹² Paridem servavit.

Postea¹³ Paris dicta¹⁴ deorum nesciens perniciem Troiae paravit,

10   cum Helenam rapuisset.

1 nomen, nominis *n.*: Name
2 heres, heredis *m.*: Erbe
3 futurus, a, um: zukünftig
4 gravidus, a, um: schwanger
5 horrendus, a, um: schrecklich
6 lignum igneum: brennendes Holzstück
7 Paridem Troiae periculo esse: dass Paris eine Gefahr für Troja ist
8 ortus, us *m.*: *hier*: Geburt
9 mons Ida, ae: Ida-Gebirge
10 exponere, -pono, -posui, positum: aussetzen
11 ursa, ae: Bärin
12 nutrire: säugen, ernähren
13 postea *(Adv.)*: später
14 dictum, i: die Vorhersage

Lektion 28

1. Kapitolinische Trias
1.1 Wie heißen die drei Götter?
   Übersetze die Wörter ins Lateinische und lies ihre Anfangsbuchstaben.
1.2 Informiere dich über die drei Götter. Erkläre, warum man sie kapitolinische Trias nennt.

Herrschaft _____ riesig _____ Größe _____

überall _____ wo? _____ beurteilen _____

bestrafen _____ gottlos _____ Nacht _____

tragen _____ wegen _____ meinen _____

werfen _____   Sache _____

Geschoss _____   alt _____

auslöschen _____   Burg _____

König _____

→ _____, _____, _____

2. Stammformen
   Bilde die fehlenden Formen und gib die Bedeutung an.

dare	do	dedi	datum	geben
	claudo			
iactare				
			visum	
			fautum	
				stehen
	laedo			
cedere				
		excitavi		
	punio			
		misi		

3. Das PPP: Fülle die Tabelle aus.

	Singular		
	m.	f.	n.
Nom.	datus		
Gen.			
Dat.			
Akk.			
Abl.			

	Plural		
	m.	f.	n.
Nom.			
Gen.			
Dat.			
Akk.			
Abl.			

4. KNG: Kreuze an, welches Substantiv zum Partizip in der ersten Spalte passt. Achtung: Manchmal passen mehrere!

	domini	militibus	arcem	deos	urbes	puellae	cives
a) victis							
b) laesi							
c) obsecratos							
d) defensas							
e) oppugnatam							
f) amatae							

5. PPP: Verbinde das Partizip mit seinem Bezugswort. Dann übersetze wörtlich und mit Relativsatz.

hostis victus: der besiegte Feind/der Feind, der besiegt wurde

a) maritus relictus: _____

b) incolae interfecti: _____

c) lapis iactatus: _____

d) exercitus ab imperatore missus: _____

_____

e) milites ab hostibus laesi: _____

_____

f) arx ab hostibus capta: _____

_____

g) flos a puella carptus: _____

_____

6. Vorzeitigkeit: So geht's auf Deutsch!
Übersetze und achte vor allem darauf, welche Zeit du im Deutschen verwenden musst.

Hostes victi fugiunt. Die Feinde *fliehen*, nachdem/weil sie *besiegt wurden/worden sind*.
Hostes victi fugerunt. Die Feinde *flohen*, nachdem/weil sie *besiegt worden waren*.

a) Maritus relictus tristis est. _____

Maritus relictus tristis erat. _____

b) Urbs capta ab hostibus deletur. _____

Urbs capta ab hostibus deleta est. _____

c) Telum a Laocoonte iactatum equum laedit. _____

Telum a Laocoonte iactatum equum laesit. _____

7. Gleichzeitig oder vorzeitig?
7.1 Markiere das Partizip und bestimme es: PPP oder PPA?
7.2 Übersetze.

a) Laocoon ad litus currens clamavit: _____

b) »O miseri cives! Cur equus a Graecis aedificatus vos delectat? _____

c) Certe hostes in equo clausi nobis perniciem parabunt. _____

d) Hostes ex equo exeuntes certe Troiam delebunt. _____

e) Delete monstrum urbi pericula portans!« _____

*8. Zum Knobeln: Rösselsprung
Springe wie das Pferd beim Schachspiel (2 Felder in eine Richtung, dann eins um die Ecke) und du erhältst ein berühmtes Zitat. Welches Wort musst du ergänzen?

Quid	est,	etiam	cos
	me	quid	na
id	do	Grae	tuo

---

*9. Aeneas' Erzählung
9.1 Lies den Text vor der Übersetzung zweimal durch. Unterstreiche die Prädikate und alle Partizipien. Klammere zusätzlich die Partizip-Konstruktionen ein.
9.2 Übersetze in deinem Heft.

Aeneas erzählt von der Eroberung Trojas: Er irrte durch die Stadt – und plötzlich war er allein.

»Unus supereram[1] et per urbem currebam.

Incendia mihi erranti claram lucem[2] dabant.

Subito Helenam ad aram Vestae in sede secreta[3] latentem aspexi.

Quae olim[4] a Paride rapta

5 nunc iram coniugis relicti metuens

se occultaverat.

Ego ira motus patriam pereuntem vindicare[5]

et auctorem[6] belli magni punire cupivi:

›Certe ea incolumis[7] Spartam aspiciet; quae coniugem et liberos et domum

10 videbit. Id non accidet! Monstrum humanum[8] exstinguam et semper

laudabor.‹

Subito Venus apparuit et monuit, ne Helenam necarem;

dixit eam hospitem esse.

Ita Helena a me inventa tamen iussu matris meae servata est.«

1 superesse: übrig sein; überlebt haben
2 lux, cis *f.*: Licht
3 secretus, a, um: abgesondert, versteckt
4 olim *(Adv.)*: einst
5 vindicare: rächen
6 auctor, ris *m.* und *f.*: Urheber(in)
7 incolumis, e: unversehrt, unverletzt
8 humanus, a, um: menschlich

Lektion 29

*1. Geheimschrift: Versuche, die verschlüsselten lateinischen Begriffe herauszufinden. Die deutschen Bedeutungen der ersten beiden Begriffe können dir dabei helfen.

Latein	Verschlüsselt	Deutsch
	11-12-8-7-6-15-26-9-22	fordern
	6-13-23-26	Welle
	13-26-6-7-26	
	26-5-18-8	
	14-12-9-7-26-15-18-8	
	26-23-19-18-25-22-9-22	
	24-6-9-8-6-8	
	22-7-8-18	
	26-6-9-18-8	
	8-26-3-6-14	
	9-22-24-7-6-8	

Welcher Code wurde zum Verschlüsseln verwendet? _____

2. Fremdwörter
2.1 Nenne das lateinische Ursprungswort und seine Bedeutung.
*2.2 Finde heraus, was die Fremdwörter bedeuten.

a) Postulat: _____

b) latent: _____

c) Sakralkunst: _____

d) Mission: _____

3. Ein Wort – viele Bedeutungen: Wähle eine passende Übersetzung.

a) fatum ferre: _____

b) ligna ferre: _____

c) fabulam ferre: _____

d) dolores ferre: _____

e) gaudium facie ferre: _____

4.1 Fülle die Tabelle aus.

4.2 Markiere Formen, die in verschiedenen Kasus vorkommen, jeweils in einer anderen Farbe (z.B. alle *haec* grün).

	Singular		
	m.	*f.*	*n.*
Nom.	hic		
Gen.			
Dat.			
Akk.			
Abl.			

	Plural		
	m.	*f.*	*n.*
Nom.			
Gen.			
Dat.			
Akk.			
Abl.			

5. KNG: Kreuze an, welches Substantiv zum Pronomen in der ersten Spalte passt. Achtung: Manchmal passen mehrere!

	cursuum	labores	avis	terrorum	puellae	viri
a) illos						
b) illorum						
c) hi						
d) huius						
e) huic						

6. Paare bilden mit KNG: Verbinde die zusammengehörigen Formen.

a) laborem   1) has

b) arbores   2) haec

c) viae   3) huius

d) nox   4) illorum

e) exercituum   5) hunc

***7. Formenschlangen! Verwandle.**

a) illa avis → Gen. _____ → Pl. _____

    → Abl. _____ → Akk. _____

b) hic socius → Akk. _____ → Pl. _____

    → Dat. _____ → Nom. _____

*8. Das Tragen-Tandem: Bilde die fehlenden Formen.

portare	ferre
	fers
portat	
	ferres
portabam	
	lati essent
portabuntur	
	ferimur
portaverunt	

*9. In Polyphems Höhle
9.1 Übersetze den Text.
9.2 Erkläre, warum im letzten Satz *oculum unum* steht.
9.3 Welchen Plan hatte Odysseus? Informiere dich, wie ihm und seinen Freunden der Weg in die Freiheit gelang.

Odysseus und seine Gefährten saßen in der Falle: Der Zyklop Polyphem hatte seine Höhle mit einem riesigen Felsen verschlossen.

Socii Ulixis[1], postquam specus[2] Polyphemi[3] intraverunt, paene[4] desperabant.

Unus ex eis: »Timeo, ne omnes a Polyphemo[3] necemur.« Alius: »Quomodo

nos monstrum fugientes viam aperire possumus? Nemo nobis auxilium feret.«

Solus Ulixes[1] nihil dixit: Tacens multas horas deliberabat.

5 Scivit Polyphemum[3] specum[2] aperire debere.

Itaque dolum invenit:

Cum Polyphemus[3] redisset,

Ulixes[1] ei vina illa, quae secum tulerat, praebuit.

Ita homo ingens vino delenitus[5] obdormivit[6].

10 Ulixes autem socios haec iussit: »Hunc palum[7] ad me ferte!

Haec ligna incendite! Si palus[7] ardebit, ex Polyphemo[3] oculum unum

rapiemus.«

1 **Ulixes**, is *m.*: Odysseus
2 **specus**, us *m.*: Höhle
3 **Polyphemus**, i *m.*: Polyphem
4 **paene** (*Adv.*): fast
5 **delenire**: besänftigen
6 **obdormire**: einschlafen
7 **palus**, i *m.*: Pfahl

Lektion 30

1. Magische Verbindung
Verbinde jedes lateinische Wort mit seiner Bedeutung und einem passenden Bild.

abdere — verbergen

hiems — Wald

silva — zeigen

pons — Brücke

ostendere — Winter

2. Ordne folgende Wörter den drei Sachfeldern zu.
civis – ara – bellum – captivus – deus – creare – adversarius – sacerdos – miles – exercitus – sacrificium – consul – hostia – immolare – gladius – orare – hostis – sacer – templum – praetor – rex – pugna – senator

Staat	Militär	Religion

3. Stammformen: Bilde die fehlenden Formen und gib die Bedeutung an.

gerere	gero	gessi	gestum	tragen
	abdo			
		eveni		
			latum	
				zeigen
		munivi		

4. Partizipien: Bilde die fehlenden Formen.

Infinitiv Präsens	PPA	PPP
traducere		
	laudans	
		gestum
dicere		
	iactans	
		fusum
dare		
	desinens	

5. Ablative mit System
Bilde von jeder Deklination die Ablativ-Formen im Singular und im Plural.
(Falls du nicht mehr weißt, wie die Ablative gebildet werden, nimm die Tabelle in deinem Buch zu Hilfe.)

Dekl.	a-Dekl.	o-Dekl.	3. Dekl.	u-Dekl.	e-Dekl.
Nom Sg.	silva	vicus	pons	cursus	res
Abl. Sg.					
Abl. Pl.					

Dekl.	a-Dekl.	o-Dekl.	3. Dekl.	u-Dekl.	e-Dekl.
Nom Sg.	unda	saxum	arx	motus	dies
Abl. Sg.					
Abl. Pl.					

6. Detektiv: Finde alle Formen, die (auch) Ablativ sein können.

a) corporibus – homines – metu – cessis – claudentem – re – probus – magnitudo

b) animum – liberato – labores – vivente – finibus – gaudete – natura

c) postulante – hiemis – incendentibus – coeptis – laedo – ducto – nimis

7. Abl. abs. – kein Problem
Übersetze den Ausdruck. Achte dabei auf das Zeitverhältnis und wähle eine passende Sinnrichtung.

a) Ponte facto *führte Caesar die Truppen über den Rhein.*

b) Militibus flumen transeuntibus *versteckten sich die Germanen.*

c) Vicis incensis *verhielten sich die Germanen trotzdem ruhig.*

d) Copia parva[1] appropinquante *fassten die Germanen Mut und griffen an.*

1 parvus, a, um: klein

8. Odysseus Irrfahrten – Markiere den Abl. abs. und übersetze.

a) Polyphemo caecato[1] Ulixes cum sociis fugit.

b) Neptuno, patre Polyphemi, laeso Ulixes diu per maria errare debebat.

c) Sociis apud Sirenes tute[2] transeuntibus Ulixes carmina dulcia audivit.

d) Ulixe implorante socii tamen cursum rectum tenuerunt.

e) Omnibus servatis Sirenes se praecipites in mare coniecerunt.

1 caecare: blenden *(= jemandem die Augen ausstechen)* – **2 tute** *(Adv.):* sicher

*9. Wieder auf dem Schlachtfeld
9.1 Markiere alle Abl. abs.
9.2 Übersetze den Text.
9.3 Erkläre, wie der letzte Satz zu verstehen ist und was er über den Charakter des Kaisers Tiberius aussagt.

Sechs Jahre nach der Niederlage im Teutoburger Wald unternimmt der Feldherr Germanicus einen Feldzug zum Schlachtfeld.

Romanis insidiias[1] hostium timentibus Germanicus constituit exploratores[2] praemittere[3].

Praemisso[3] Caecina[4],

    ut silvas obscuras investigaret[5]

5   pontesque paludibus imponeret,

Germanicus exercitum per fines hostium duxit.

Tandem locus cladis inventus est: semiruta[6] valla et fossa[7] videbantur.

Medio in campo ossa[8] albentia[9] et fracta[10] tela et artus[11] equorum iacebant.

Silvis propinquis[12] arae barbarae erant, ad quas milites et centuriones[13]

10   necati erant.

Corporibus sepultis[14] Germanicus omnes reduxit.

Imperator Tiberius id non probavit[15], quia omnia a Germanico facta reprehendit aut milites his rebus perterritos esse credidit.

1 insidiae, arum: Hinterhalt *(im Deutschen Sg.)*
2 explorator, ris *m.*: Kundschafter
3 praemittere, mitto, misi, missum: vorausschicken
4 Caecina, ae *m.*: Caecina *(General im Heer des Germanicus)*
5 investigare: erforschen
6 semirutus, a, um: halb eingestürzt
7 fossa: Graben
8 os, ossis *n.*: Knochen
9 albens, entis: weiß
10 frangere, fregi, fractum: zerbrechen
11 artus, us *m.*: hier: Gerippe
12 propinquus, a, um: benachbart
13 centurio, onis *m.*: Zenturio *(Offizier)*
14 selepire, sepelio, sepelivi, sepultum: begraben
15 probare: gutheißen, billigen

Lektion 31

1. Gitterrätsel: Suche die lateinischen Begriffe zu folgenden deutschen Wörtern.
*Findest du weitere?

B	E	N	E	B	Q	U	C
A	T	U	R	P	I	S	R
U	C	M	U	A	L	S	E
C	A	E	D	E	R	E	S
T	S	N	U	N	Q	I	C
O	T	S	X	E	V	S	E
R	R	M	O	S	I	O	R
V	A	N	I	M	A	L	E

häßlich: _____

wachsen: _____

Sonne: _____

Lager: _____

Gottheit: _____

_____

2. Fremdwörter
2.1 Nenne das lateinische Ursprungswort und seine Bedeutung.
*2.2 Finde heraus, was die Fremdwörter bedeuten.

a) animalisch: _____

b) präsent: _____

c) valide: _____

d) auktorial: _____

e) numinos: _____

3. Formen mit System – *ipse*
Fülle die Tabelle aus.

	Singular			Plural		
	m.	*f.*	*n.*	*m.*	*f.*	*n.*
Nom.	ipse					
Gen.						
Dat.						
Akk.						
Abl.						

4. KNG: Kreuze an, welches Substantiv zum Adjektiv in der ersten Spalte passt. Achtung: Manchmal passen mehrere!

	otium	religionem	castrorum	solis	parentes	duci	numen
a) ipsos							
b) ipsam							
c) ipsius							
d) ipsorum							
e) ipsum							
f) ipsi							

*5. Formenschlangen! Verwandle.

a) imperator ipse → Gen. _____ → Dat. _____

→ Akk. _____ → Abl. _____

b) porta ipsa → Akk. _____ → Pl. _____

→ Abl. _____ → Sg. _____

c) hoc vallum → Gen. _____ → Pl. _____

→ Akk. _____ → Abl. _____

6. Nominaler Abl. abs. – auch kein Problem: Übersetze.

a) Tiberio imperatore *unternahm Germanicus Feldzüge.*

_____

b) Germanico duce *suchten die Soldaten den Schlachtort im Teutoburger Wald.*

_____

c) Duce praesente *bestatteten die Soldaten die Toten.*

_____

d) Tiberio invito[1] *hatte Germanicus dies getan.*

_____

1 invitus, a, um: ungern, gegen den Willen

7. Die Niederlage des Varus
Markiere den Abl. abs. und übersetze. Achte auf das Zeitverhältnis.

a) Augusto imperatore Romani fines imperii proferre cupiverunt.

b) Varo duce milites trans Rhenum ierunt.

c) Dolo Arminii parato exercitus Romanus in silvis vastis victus est.

d) Militibus pereuntibus Varus deos imploravit.

e) Legionibus caesis Augustus diu flebat.

*8. Caesar beschreibt weitere Sitten der Germanen
8.1 Übersetze den Text.
8.2 Caesar möchte die Wildheit und die Gefährlichkeit dieses Feindes betonen. Erkläre, wie er das tut.

Germani agriculturae[1] non student

magnaque pars eorum cibi   in lacte[2], caseo[3], carne[4] consistit.

Nemini fines proprii[5] sunt,

sed principibus[6] auctoribus in annos singulos terra tribuitur[7];

5 quam anno post[8] relinquunt et terram aliam colunt.

Ita amor habendi[9] amittitur et omnes libenter bellum ineunt[10].

Parentibus invitis[11] liberi nihil agunt. Pueri corpora sua exercent[12]

et extra[13] fines gentis   latrocinia[14] faciunt.

Matribus praesentibus omnes viri pugnant

10 et nemo eorum pugna cedere audet. Quod magna ignominia[15] est.

1 agricultura, ae: Ackerbau
2 lac, lactis *n.*: Milch
3 caseus, i: Käse
4 caro, carnis *f.*: Fleisch
5 proprius, a, um: eigen
6 princeps, pis *m.*: Fürst
7 in annos singulos terra tribuitur: das Land wird nur jeweils für ein Jahr vergeben
8 anno post: im Jahr darauf
9 habendi: zu besitzen
10 bellum inire: Krieg beginnen
11 invitus, a, um: ungern, gegen den Willen
12 exercere: üben, trainieren
13 extra + *Akk.*: außerhalb von
14 latrocinium, i *n.*: Raubzug
15 ignominia, ae: Schande

Lektion 32

1. Magische Verbindung
Verbinde jedes lateinische Wort mit seiner Bedeutung und einem passenden Bild.

sanguis — Verbrechen

furor — Blut

scelus — Kopf

evertere — Wut; Raserei

caput — umstürzen; zerstören

2. Silbenrätsel
Kombiniere die Silben zu Wörtern und ordne sie den richtigen lateinischen Wörtern zu.
Als Lösungssatz erhältst du eine wichtige Definition über den Staat.

bor – bre – chen – fer – gen – grau – haupt – keit – kör – per – reich – sam – schuld – stadt – stür – tap – um – un – ver – ver – zahl – zen

crudelitas: __ __ __ __ __ __ __ __ __
              1   13   8

scelus: __ __ __ __ __
      6   9

fortis: __ __ __ __
   22 14

evertere: __ __ __ __ __
     3   11 20

innocentia: __ __ __ __ __
  5   17 7

creber: __ __ __
  18 19

occultus: __ __ __ __
    15   2

caput: __ __ __ __
   4 21 10

corpus: __ __ __
 16 12

Lösungssatz:

__ __
1 2 3 4 5 6 7 8 9 10 11 12 13 14 15 16 17 18 19 20 21 22

3. Adjektiv und Adverb
Ergänze die fehlenden Formen und gib die Bedeutung an.

Adjektiv	Adverb	Bedeutung
malus	*male*	*schlecht*
dignus		
	fide	
gravis		
	acriter	
dulcis		
	misere	

Adjektiv	Adverb	Bedeutung
egregius		
	recte	
placidus		
	sapienter	
asper		
	libere	
fortis		
	audacter	

4. Adverbien – leicht übersetzt
Übersetze wie im Beispiel.

Equus celeriter currere potest. Equus celer Lucio placet.
Das Pferd kann schnell laufen. Das schnelle Pferd gefällt Lucius.

a) Multi Christiani fortes erant. Nam fortiter fidem suam professi sunt[1].

b) Christiani graviter puniebantur. Nam imperator poenas graves iusserat.

1 professi sunt: sie haben bekannt

5. Die erste Christenverfolgung …
   Markiere den Abl. abs. und übersetze.

Nach dem Brand Roms kamen schnell Gerüchte auf, der Kaiser Nero hätte selbst die Stadt angezündet. Da sucht er natürlich nach einem Sündenbock …

a) Nero: »Christianis auctoribus Roma incendio deleta est!

b) Sed Christianis punitis urbem nostram restituam.«

c) Flammis exstinctis Christiani capti sunt.

d) Populo invito[1] multi homines magna innocentia graviter puniti sunt.

e) Nerone domos maximae pulchritudinis aedificante multi senatores res novas[2] paraverunt.

1 invitus, a, um: ungern, gegen den Willen – **2 res novae**: Umsturz

*6. Christus wird geboren
   Übersetze den Text.

Accidit autem in diebus illis: exiit edictum[1] a Caesare Augusto,

ut describeretur[2] totus orbis terrarum.

Et ibant omnes, ut profiterentur[3], singuli[4] in suam civitatem[5].

Iit autem et Ioseph in civitatem[5] David[6], quae vocatur Bethlehem,

5   quia erat de domo et familia David[6],

ut profiteretur[3] cum Maria, uxore praegnante[7].

Accidit autem, cum essent ibi, ut Maria parĕret.

Et peperit filium suum primogenitum[8]; et pannis[9] eum involvit[10] et posuit eum

in praesaepio[11], quia non erat eis locus in deversorio[12].

1 edictum: Bekanntmachung, Verfügung
2 describere, scripsi, scriptum: aufschreiben; sich schätzen lassen
3 profiterentur/profiteretur: sie meldeten/er meldete sich amtlich an
4 singuli *(Nom. Pl.)*: jeder einzelne
5 civitas, atis *f.*: Stadt
6 David *(wird nicht dekliniert; hier: Genitiv)*: David (König in Israel im 10. Jh. v. Chr.)
7 praegnans, antis: schwanger
8 primogenitus: der Erstgeborene
9 pannus: Windel
10 involvere, volvo, volvi, volutum: einwickeln
11 praesaepium: Krippe
12 deversorium: Herberge, Gasthaus